Fuentes primarias de la historia de Estados Unidos

La GUERRA FRÍA

Enzo George
Traducido por Cecilia González Godino

Cavendish Square
New York

Published in 2020 by Cavendish Square Publishing, LLC
243 5th Avenue, Suite 136, New York, NY 10016

First Edition

Website: cavendishsq.com

CPSIA Compliance Information: Batch #CG19WL

All websites were available and accurate when this book was sent to press.

ISBN 9781502655127 (pbk.)
ISBN 9781502655134 (eBook)

Translator: Cecilia González Godino
For Brown Bear Books Ltd:
Editorial Director: Lindsey Lowe
Managing Editor: Tim Cooke
Children's Publisher: Anne O'Daly
Design Manager: Keith Davis
Designer: Lynne Lennon
Picture Manager: Sophie Mortimer

Picture Credits:
Front Cover : bottom © Alamy/Barry Lewis; center right © Robert Hunt Library.
All images © Robert Hunt Library except; 42 © Alamy/DIZ Munchen GmbH; 24, 39 © Department of Defense; 23 © Dreamstime/Marcovaroo; 34, 35 © Gerald Ford Library; 6, 8, 9, 10, 25, 37 © Library of Congress; 30, 31 © NASA; 21, 32, 33, 38, 40, 41 © National Archives; 43 © New York Daily News; 27 © Newspaper Museum.

Manufactured in the United States of America

CONTENIDO

INTRODUCCIÓN

Las fuentes primarias son la mejor manera de acercarse a las personas del pasado. Incluyen los escritos en diarios, cartas o libros; las pinturas, dibujos, mapas o viñetas que crearon; incluso los edificios que construyeron, la ropa que vistieron o sus posesiones. Estas fuentes a menudo revelan mucha información sobre cómo se veían a sí mismos y cómo veían el mundo que los rodeaba.

Este libro recoge una serie de fuentes primarias de la Guerra Fría, nombre que se concedió al periodo desde el final de la Segunda Guerra Mundial (1939–1945) hasta el final del dominio comunista de Europa del Este en 1989. Este periodo quedó definido por la tensión entre la democracia de Estados Unidos y el comunismo de la Unión Soviética, así como entre los aliados de cada potencia.

A medida que los soviéticos impusieron el comunismo en sus territorios en la Europa del Este de la posguerra, en Estados Unidos aumentó la ansiedad. Ambos bandos tenían armas nucleares, lo que convirtió las posibilidades de un conflicto en terror, pero Estados Unidos y las tropas soviéticas nunca se enfrentaron directamente. En cambio, hubo confrontaciones militares entre países que los apoyaban, sobre todo Corea (1950-1953) y Vietnam (1965-1973). Entretanto, la batalla por la superioridad entre Estados Unidos y la Unión Soviética se evidenció en áreas como la tecnología.

CÓMO UTILIZAR ESTE LIBRO

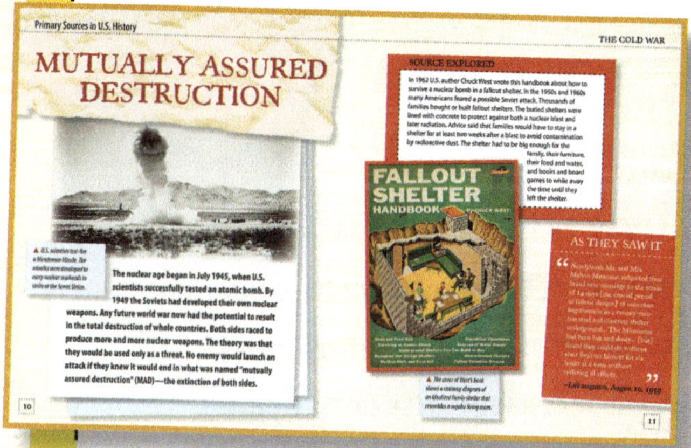

Cada página contiene al menos una fuente primaria. Busca los cuadros de "Explora la fuente", pues explican las imágenes de los años 1920 y 1930, quién las tomó y por qué. También hay cuadros de "Así lo vieron ellos", contienen citas de personas que vivieron en esa época.

Algunos cuadros contienen información más detallada sobre un aspecto particular de un tema. Los temas están en orden alfabético y se centran en los acontecimientos y las personas clave. Hay una línea temporal completa al final del libro.

Algunas páginas contienen un extracto más largo sobre un testigo presencial. Se puede ver una introducción a color que explica quién es el autor y el origen de su historia. Estos relatos suelen ir acompañados de una fuente primaria relacionada.

LA UNIÓN SOVIÉTICA Y EUROPA

La Segunda Guerra Mundial (1939-1945) terminó con la ocupación de Europa del Este por las tropas soviéticas. Los soviéticos querían que la región se convirtiera en un amortiguador entre Rusia y Alemania, y usaron su influencia para asegurarse de que países como Hungría, Polonia y Checoslovaquia fueran gobernados de acuerdo con los deseos de Moscú. Muchos países se convirtieron en estados títeres comunistas. La Europa de la posguerra estaba dividida en Este y Oeste por lo que se denominó el "telón de acero".

Los Aliados accedieron al control soviético de Europa del Este en Postdam, en 1945 (de izquierda a derecha): nuevo primer ministro británico Clement Attlee, el presidente Harry S. Truman y el dictador soviético Joseph Stalin.

EXPLORA LA FUENTE

Los tanques soviéticos tomaron las calles de Budapest, Hungría, en noviembre de 1956. Los soviéticos habían dominado políticamente a los países de Europa del Este durante más de una década. Pusieron en marcha gobiernos comunistas que impusieron controles estrictos a sus ciudadanos. Después de la muerte de Joseph Stalin en 1953, los húngaros quisieron liberarse del dominio soviético. En octubre de 1956, hubo protestas antisoviéticas en Budapest e Imre Nagy se convirtió en primer ministro. Prometió a los húngaros más libertad. Los soviéticos enviaron mil tanques y bombardearon Budapest desde el aire porque Occidente no hizo nada. Los soviéticos detuvieron el levantamiento húngaro como advertencia para el resto de Europa del Este.

ASÍ LO VIERON ELLOS

"No nos dejemos engañar: aún estamos en plena Guerra Fría. Nuestros enemigos se encuentran en el extranjero y en casa. No debemos olvidar esto: nuestro malestar es el núcleo de su éxito. La paz del mundo es la esperanza y el objetivo de nuestro sistema político; es la desolación y la derrota de nuestros enemigos."

—Bernard Baruch, consejero presidencial, utilizó la expresión "Guerra Fría" por primera vez el 16 de abril de 1947.

Tanques soviéticos bloquean las calles de Budapest, la capital húngara, el 4 de noviembre de 1956.

ESTADOS UNIDOS Y LA UNIÓN SOVIÉTICA

Al final de la Segunda Guerra Mundial, a Estados Unidos le preocupaba que la propagación del comunismo soviético debilitara su influencia global. En 1947, Harry S. Truman anunció que Estados Unidos ayudaría a cualquier país amenazado por el comunismo. Los soviéticos vieron esta "Doctrina Truman" como una amenaza directa. También sospecharon del Plan Marshall de Estados Unidos, que proporcionaba ayuda financiera para reconstruir Europa. En la década de 1950, dos antiguos aliados se habían convertido en amargos oponentes.

Un hongo atómico se formó durante las pruebas nucleares de Estados Unidos en el Pacífico en julio de 1946. Las armas nucleares hacían que un posible conflicto pudiera resultar en un desastre.

Los habitantes de Berlín Occidental observan un aterrizaje. A veces, los pilotos arrojaban golosinas a los niños.

EXPLORA LA FUENTE

Los habitantes de Berlín Occidental observan la llegada de un avión con comida, combustible y otros suministros. Desde el 28 de junio de 1948 hasta el 12 de mayo de 1949, los soviéticos cortaron todo acceso a Berlín Occidental a través de Alemania Oriental. En la primera crisis de la Guerra Fría, el bloqueo soviético pretendía que los Aliados occidentales no pudieran atravesar Berlín. Los estadounidenses, con la ayuda de los británicos y los franceses, decidieron transportar todos los suministros por vía aérea. Durante el bloqueo, los aviones de transporte de Estados Unidos volaron las 24 horas y completaron casi 190 000 vuelos. Los soviéticos no se atrevieron a atacar los aviones por miedo a desencadenar una guerra. Cuando quedó claro que Berlín había sobrevivido, los soviéticos levantaron el bloqueo.

EL PLAN MARSHALL

Después de la guerra, gran parte de Europa estaba en ruinas, las economías estaban devastadas y millones de personas pasaban hambre. El secretario de Estado de Estados Unidos, George Marshall, propuso ayudar a Europa con un programa monetario, alimentario y de suministros. La ayuda se ofreció a países comunistas y no comunistas, pero la Unión Soviética no se fiaba de la influencia estadounidense y rechazó la oferta en nombre de los países de su influencia. El Plan Marshall contribuyó a separar a los antiguos aliados.

DESTRUCCIÓN MUTUA ASEGURADA

Los científicos estadounidenses probaron un misil Minuteman. Los misiles se desarrollaron para que las ojivas explotaran en la Unión Soviética.

La era nuclear comenzó en julio de 1945, cuando los científicos estadounidenses probaron con éxito una bomba atómica en Japón. En 1949, los soviéticos desarrollaron sus propias armas nucleares. Cualquier futura guerra mundial podría tener como resultado la destrucción total de países enteros. Ambos bandos empezaron a producir más y más armas nucleares para utilizarlas, en teoría, como amenaza. Ningún enemigo lanzaría un ataque sabiendo que terminaría en lo que se llamó "destrucción mutua asegurada" (DAM, por sus siglas en inglés): la extinción de ambos bandos.

EXPLORA LA FUENTE

En 1962, el autor estadounidense Chuck West escribió este manual sobre cómo sobrevivir a una bomba nuclear en un refugio. En las décadas de 1950 y 1960, muchos estadounidenses temían un posible ataque soviético. Miles de familias compraron o construyeron refugios nucleares. Los espacios subterráneos estaban revestidos de hormigón, que protegía de una explosión nuclear y de la radiación posterior. Se aconsejó a las familias que permanecieran dentro al menos dos semanas después de una explosión para evitar la contaminación de polvo radioactivo. El refugio tenía que ser lo suficientemente grande para que la familia sobreviviera con lo necesario y se entretuviera hasta el momento de salir.

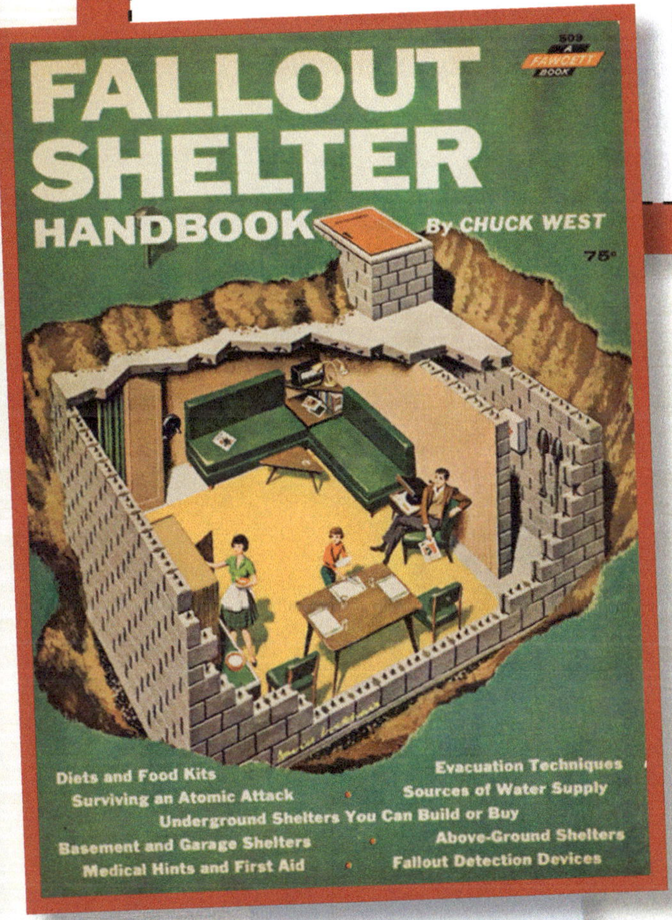

La cubierta del libro de West muestra un diagrama cortado de un refugio familiar idealizado que parece una sala de estar común.

ASÍ LO VIERON ELLOS

"Los recién casados Mr. and Mrs. Melvin Mininson sometieron su nuevo matrimonio a la tensión de 14 días (el periodo de peligro de la lluvia radiactiva) de unión ininterrumpida en un refugio subterráneo de 22 de toneladas de acero y concreto [...]. Los Mininson estuvieron sometidos al calor y al polvo [...], [pero] descubrieron que podían prescindir de su soplador de aire durante seis horas sin sufrir efectos adversos."

—Revista *Life*, Agosto 10 de 1959

LA CARRERA ESPACIAL

Mientras Estados Unidos y la Unión Soviética competían en la carrera de armamentos nucleares, el desarrollo de la tecnología de misiles abrió una nueva área de competencia: la conquista del espacio. Los avances en la exploración espacial aportaban respeto internacional y progreso tecnológico. Durante gran parte de los años 50 y principios de los 60, los soviéticos lideraron la carrera espacial: pusieron en órbita el primer satélite artificial (Sputnik I, en 1957) y enviaron al espacio al primer ser vivo (la perrita Laika, en 1957) y al primer humano (Yuri Gagarin, en 1961). Los estadounidenses estaban perdiendo la carrera espacial.

Yuri Gagarin se hizo famoso en todo el mundo cuando logró ser el primer humano en volar hasta el espacio en 1961.

Un sello ruso celebra el programa espacial de la Unión Soviética. Los soviéticos ganaron admiración por sus logros espaciales.

ASÍ LO VIERON ELLOS

"Desde el espacio, los amos del infinito tendrían el poder de controlar el clima de la Tierra, causar sequías e inundaciones, cambiar las mareas y elevar los niveles del mar, desviar la corriente del golfo y cambiar los climas templados a frígidos […]. La Unión Soviética ha valorado el control del espacio como una meta de tal calibre que dicho control se ha convrtido en un primer objetivo de la política nacional."

—El futuro presidente Lyndon B. Johnson aboga por un programa espacial estadounidense en 1958.

EXPLORA LA FUENTE

Este sello ruso de 1967 conmemora los éxitos soviéticos en la carrera espacial. El 12 de abril de 1961, el cosmonauta (astronauta ruso) Yuri Gagarin se convirtió en el primer hombre en el espacio. Como piloto de caza, Gagarin fue elegido para la misión por su amplia sonrisa, pues el director espacial soviético, Sergei Korolev, se dio cuenta de que aparecería en todos los periódicos del mundo. El vuelo de 108 minutos, durante el cual la nave espacial Vostok I de Gagarin orbitó la Tierra, fue una enorme victoria propagandística para la Unión Soviética. Gagarin se convirtió en un héroe nacional que fue recibido con adoración dondequiera que fuera. Su muerte en 1968, cuando se estrelló su avión MiG-15, causó gran dolor en todo el mundo. Gagarin recibió un funeral de Estado en reconocimiento a sus logros.

LA GUERRA DE COREA

Un barco transporta a la Primera División de la Marina de Estados Unidos durante los desembarcos de las Naciones Unidas en Corea del Sur en septiembre de 1950.

El primer enfrentamiento militar de la Guerra Fría se produjo en 1950. En la península de Corea, en el este de Asia, con el apoyo soviético Corea del Norte invadió a Corea del Sur. Lideradas por Estados Unidos, las naciones occidentales, con el sello de las Naciones Unidas (ONU), se unieron para obligar el retroceso de los comunistas. La guerra se convirtió en una batalla entre dos ideologías. Cuando las fuerzas de la ONU llegaron a Corea del Norte, las fuerzas chinas entraron en conflicto con las tropas estadounidenses. Fue su único encuentro militar durante la Guerra Fría. La guerra terminó en un punto muerto o sin un claro vencedor en julio de 1953.

EXPLORA LA FUENTE

Soldados estadounidenses suben una colina nevada. Las condiciones eran difíciles para ambos bandos: los inviernos eran tan fríos que los soldados se congelaban hasta morir y los veranos eran demasiado calurosos. Los norcoreanos y los chinos eran despiadados y brutales. Muchos estadounidenses que pelearon en la guerra prefirieron olvidarla. El monumento a los veteranos coreanos en Washington D. C. se completó en 1995, cuarenta años después de la guerra.

Los marinos de Estados Unidos cruzan un campo abierto en Corea del Norte durante uno de los inviernos más duros, entre 1950-1951.

Ray L. Walker, un soldado de la Marina, combatió un periodo largo en Corea. Explicó cómo la llamada "guerra olvidada" era ignorada por los ciudadanos:

"Para la opinión pública norteamericana, Corea era una tierra desconocida de poca importancia [...]. Además, la Guerra de Corea fue la primera en la que no logramos una victoria final, aunque impedimos que los comunistas se apoderaran de Corea del Sur, por lo que fue una victoria parcial, pero, desde el punto de vista de Estados Unidos, fuimos humillados por un ejército campesino, China y Corea del Norte. Al final de la guerra, solo hubo alivio. No hubo desfiles ni muestras de orgullo nacional ni de apoyo a los veteranos. Volvimos a casa y nos dedicamos a reconstruir nuestras vidas. 'Se acabó, olvídalo; sigamos viviendo la buena vida'. Ese era el estado de ánimo de la época."

LA TEORÍA DEL DOMINÓ

El 7 de abril de 1954, el presidente Dwight D. Eisenhower utilizó por primera vez la expresión "teoría del dominó" para referirse a un fenómeno del Sudeste Asiático: si los gobernantes franceses de Vietnam perdían el control de su colonia a manos de los comunistas, los estados contiguos también caerían, luego sus vecinos y así sucesivamente, como una hilera de piezas de dominó. La teoría del dominó llegó a dominar la política exterior de Estados Unidos.

Lyndon B. Johnson (centro, izquierda), el día de su segunda investidura como presidente en enero de 1965. Su política exterior se basó en la teoría del dominó.

Las flechas negras muestran las rutas de la influencia comunista.

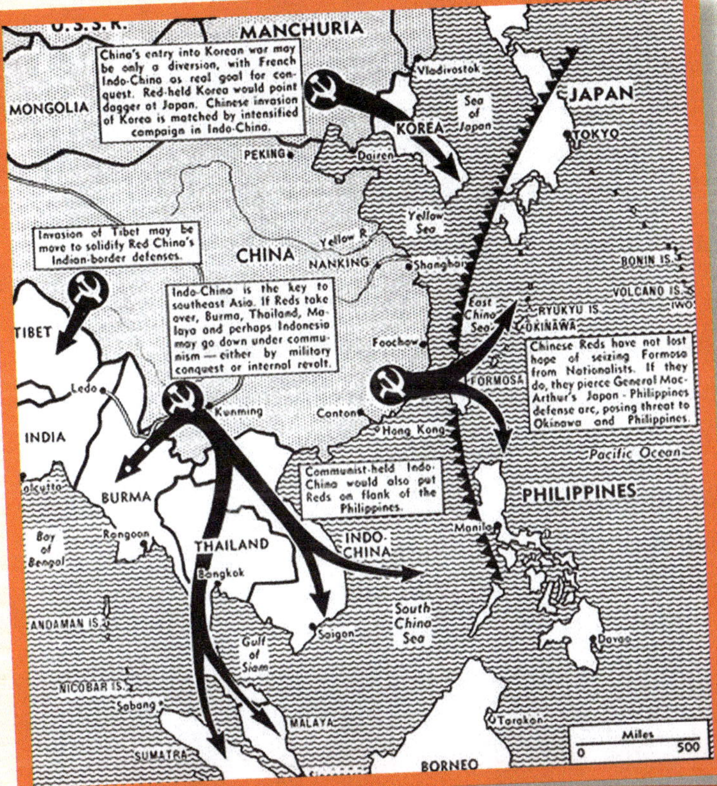

ASÍ LO VIERON ELLOS

"Es muy aparente que aquí en Asia es donde los conspiradores comunistas han decidido apostar por la conquista global [...]. Peleamos la guerra de Europa con armas, pero sigue confinada en las palabras. Si perdemos esta guerra contra el comunismo en Asia, el destino de Europa se verá gravemente comprometido [...]. Casi puedo oír el tictac de la segunda mano del destino. O actuamos ahora o moriremos."

—General Douglas MacArthur, comandante en Corea, 1950.

EXPLORA LA FUENTE

Una revista estadounidense imprimió este mapa del Sudeste Asiático el 14 de noviembre de 1950, durante la guerra de Corea para mostrar el posible impacto en la región en caso de que toda Corea cayera en el comunismo. Las flechas negras muestran cómo la influencia comunista podría extenderse de un país a otro. En la "China Roja", el presidente Mao Zedong había declarado la República Popular Comunista en 1949. Muchos estadounidenses temían que Mao intentara extender su revolución comunista por todo el mundo. Como muestra el mapa, según la teoría del dominó, a la caída de Corea seguiría todo el Sudeste Asiático. Sería solo cuestión de tiempo que la mayor democracia del mundo, India, se viera amenazada. Del mismo modo, si Filipinas caía, la base militar de Estados Unidos en Okinawa, Japón, podría verse amenazada.

EL MURO DE BERLÍN

Después de la II Guerra Mundial, Berlín, la capital alemana, fue dividida. Estados Unidos, Gran Bretaña y Francia controlaban Berlín Occidental, mientras que los soviéticos dominaban Berlín Oriental. En 1948-1949 los soviéticos intentaron sin éxito imponer un bloqueo a los Aliados. El 13 de agosto de 1961, los soldados de Berlín Oriental construyeron una barrera a través de la ciudad para impedir que los alemanes orientales escaparan hacia Occidente. El muro dividió Berlín durante veintiocho años.

Antes de que se construyera el muro, la frontera entre los sectores berlineses estaba protegidas por tanques.

Un joven intenta trepar el Muro de Berlín. La frontera incluía un muro, alambre de púas y campo abierto al otro lado.

EXPLORA LA FUENTE

Antes de agosto de 1961, más de 3.5 millones de alemanes orientales (el 20 % de la población) se habían trasladado a Occidente a través de Berlín Occidental. Después de la construcción del Muro, este porcentaje cayó. Escapar no era imposible, especialmente mientras que gran parte del muro seguía siendo poco más que una valla de seguridad. Alrededor de 5 000 personas cruzaron el Muro entre 1961 y 1989. Al menos 171 fueron fusiladas tratando de cruzar "la franja de la muerte" a ambos lados del muro.

Ursula Bach era una joven embarazada de Alemania Oriental que escapó a Berlín Occidental. Su prometido aún estaba en Alemania Oriental. Ella recuerda el anuncio radiofónico que escuchó el 13 de agosto de 1961.

"Es domingo, 13 de agosto de 1961. Estás escuchando las noticias en la Radio Bávara. Esta mañana temprano en Berlín, la policía fronteriza y los miembros de las tropas de combate operativas comenzaron a levantar alambre de púas y una valla de seguridad entre los sectores oriental y occidental de la ciudad. 69 de los 81 cruces fronterizos ya han sido cerrados. Los residentes de la RDA (República Democrática Alemana, o Alemania Oriental) y de Berlín Oriental solo pueden cruzar con un permiso especial. El S-Bahn [ferrocarril] ya no funciona..."

LA CRISIS DE LOS MISILES EN CUBA

Cuba se encuentra a solo 145 kilómetros de Florida. El 1 de enero de 1959, la guerrilla liderada por Fidel Castro derrocó al dictador Fulgencio Batista. Castro no era comunista, pero Estados Unidos temía por la supervivencia de las empresas estadounidenses en Cuba si él permanecía en el poder y no lo apoyó. Los soviéticos intervinieron para apoyar a Castro, quien creó un estado comunista en el patio trasero de Estados Unidos. Los soviéticos intentaron que Cuba fuera base para sus misiles nucleares, lo que condujo a una crisis internacional.

FINAL

DAILY NEWS

NEW YORK'S PICTURE NEWSPAPER ®

5¢

Vol. 44. No. 103 New York 17, N.Y., Tuesday, October 23, 1962*

WE BLOCKADE CUBA ARMS

Red Ships Face Search or Sinking

El Daily News *incluye la noticia del bloqueo estadounidense a Cuba con una imagen del anuncio del presidente John F. Kennedy.*

Esta fotografía tomada desde un avión de gran altitud muestra diferentes partes de una base de misiles en construcción en Cuba.

EXPLORA LA FUENTE

Durante trece días, en octubre de 1962, el mundo contuvo el aliento cuando la guerra nuclear estuvo más cerca que nunca. Los aviones espías de Estados Unidos tomaron fotografías aéreas de las bases nucleares soviéticas que se estaban construyendo en Cuba y los analistas de la Agencia Central de Inteligencia (CIA) añadieron etiquetas a las diferentes partes de la base. Aunque algunos líderes estadounidenses querían atacar a la Unión Soviética, el presidente John F. Kennedy ordenó un bloqueo naval alrededor de Cuba para impedir que los soviéticos suministraran la isla y pidió al primer ministro soviético, Nikita Jruschov, que retirara las armas. Todo el mundo estaba preocupado por un posible enfrentamiento militar, pero finalmente Jruschov retrocedió y los soviéticos retiraron las bases.

BAHÍA DE COCHINOS

En abril de 1961, 1 500 exiliados cubanos provenientes de Estados Unidos aterrizaron en Cuba para intentar derrocar a Fidel Castro. Los hombres habían sido entrenados y armados por la CIA y fueron transportados en barcos y aviones estadounidenses. Aterrizaron en la bahía de Cochinos, al sur de Cuba, pero la operación fue un fracaso. Los exiliados fueron derrotados, por lo que se les detuvo o se les asesinó. Esto causó un enfrentamiento entre Cuba y Estados Unidos que duró hasta 2014.

ESPIONAJE

La Guerra Fría fue una época excepcional para el espionaje, ya que ambos bandos aprendían uno del otro. Los espías reunían información útil, reclutaban nuevos agentes e incluso asesinaban. Había mucho en juego, pues la tecnología avanzaba con rapidez. Cuando la Unión Soviética probó su primera bomba atómica en 1949, Estados Unidos asumió que un espía debió de haber transmitido a los soviéticos los planes atómicos de Estados Unidos.

Militares observan una prueba nuclear cerca de Nevada en 1955. Muchos se sintieron enfermos después por los efectos de la radiación.

EXPLORA LA FUENTE

Esta cámara en miniatura fue utilizada por un espía de la Guerra Fría para fotografiar documentos secretos. Tanto Estados Unidos como la Unión Soviética tenían grandes redes de espionaje. Estados Unidos formalizó el espionaje en 1947, cuando se creó la Agencia Central de Inteligencia (CIA) para controlar el espionaje y el contraespionaje de Estados Unidos. La CIA pretendía infiltrarse en el sistema soviético para aprender sobre avances tecnológicos, despliegues militares o iniciativas políticas. La CIA se involucró en misiones secretas en cualquier país donde parecía haber una posible amenaza a los intereses de Estados Unidos. Algunas personas creían que estas operaciones secretas encajaban mal con la reputación de Estados Unidos como defensor del "mundo libre".

Los servicios secretos desarrollaron tecnología de punta para el espionaje, como esta cámara en miniatura.

LA KGB

El Komitet Gosudarstvennoy Bezopasnosti (KGB, o Comité de Seguridad del Estado) se formó en la Unión Soviética en 1954. Era una organización policial secreta a cargo de la seguridad nacional. La KGB marcó un nuevo avance: una organización controlaba la policía secreta, la propaganda, el espionaje y reprimía disturbios internos. La KGB se hizo políticamente muy poderosa, lo que demuestra la importancia que los líderes soviéticos atribuyen al espionaje.

LA GUERRA DE VIETNAM

Antes de 1955, Estados Unidos envió asesores a Vietnam para ayudar a los gobernantes coloniales franceses a resistir la amenaza del comunismo. Cuando los franceses abandonaron Vietnam, y Vietnam del Norte se convirtió en un país comunista independiente, los políticos estadounidenses argumentaron que se debía intervenir para evitar la propagación del comunismo en Asia. Las primeras tropas llegaron en marzo de 1965. La guerra de Vietnam se convertiría en el acontecimiento definitorio de Estados Unidos en los años 60. Se volvió cada vez más impopular en casa, mientras aumentaban las bajas de estadounidenses en Vietnam.

Soldados estadounidenses desembarcan en China Beach, cerca de Da Nang, Vietnam, el 8 de marzo de 1965. Los 3 500 marines fueron las primeras tropas en llegar.

El sentimiento antibélico de la viñeta de Paul Szep de 1967, reflejaba la falta de popularidad de la guerra y del presidente Johnson.

EXPLORA LA FUENTE

Paul Michael Szep dibujó caricaturas críticas sobre la guerra de Vietnam para el *Boston Globe* en la década de 1960. En esta, el presidente Lyndon B. Johnson es perseguido por tres esqueletos fantasmales con cascos militares. La caricatura resumía el dilema del presidente. La "teoría del dominó" argumentaba que Estados Unidos debía intervenir en Vietnam, pero la guerra era poco popular. Después de ganar las elecciones presidenciales de 1964, Johnson autorizó la Operación Trueno Rodante para bombardear Vietnam del Norte y puestos comunistas en Vietnam del Sur. Se suponía que la campaña de bombardeo duraría ocho semanas, pero se extendió a tres años. Johnson no se presentó a las elecciones presidenciales de 1968. Mucha gente creía que esto se debía a la impopularidad por la guerra.

ASÍ LO VIERON ELLOS

"He vivido, día y noche, con el costo de esta guerra [...]. A lo largo de todo el periodo, me he dejado llevar por un principio: lo que estamos haciendo en Vietnam es vital no solo para la seguridad del Sudeste Asiático, sino de todos los estadounidenses."

—El presidente Lyndon B. Johnson anuncia su decisión de no presentarse a la reelección el 31 de marzo de 1968.

DERROTA EN VIETNAM

Un tanque comunista se estrella contra las puertas del palacio presidencial en Saigon el 30 de abril de 1975.

En 1968, Richard M. Nixon fue elegido presidente con la promesa de poner fin a la guerra en Vietnam. Sin embargo, intensificó la lucha y la extendió a las naciones vecinas de Laos y Camboya, que los comunistas utilizaban como rutas de abastecimiento. Ante la indignación de la opinión pública, Nixon inició una política de "vietnamización" por la que el ejército de Vietnam del Sur asumió un número cada vez mayor de combates. Las últimas tropas salieron de Vietnam en 1973, dejando tras de sí alrededor de 55 000 vidas.

LONG ISLAND FINAL
DAILY NEWS
NEW YORK'S PICTURE NEWSPAPER
8¢
GUARDSMEN KILL FOUR STUDENTS
2 of Ohio Riot Dead Are Coeds
Tragedy at Kent State.

El Daily News *del 5 de mayo de 1970 mostraba una fotografía que se convirtió en un ícono antibélico.*

LA CAÍDA DE SAIGON

La caída de Saigon el 30 de abril de 1975 terminó con una victoria para la región comunista de Vietnam del Norte. Los comunistas habían mobilizado a toda la población para la lucha. Asumieron muchas víctimas porque pensaban que, en algún momento, la opinión mediática de Estados Unidos se declararía en contra de la guerra. Cuando las tropas se marcharon en 1973, los comunistas se reunieron para atacar Vietnam del Sur.

EXPLORA LA FUENTE

Mary Ann Vecchio, de catorce años, se arrodilla sobre el cuerpo de Jeffrey Miller justo después de que la Guardia Nacional de Ohio le disparara el 4 de mayo de 1970. Los guardias mataron a cuatro estudiantes de la Universidad Estatal de Kent en Ohio cuando los soldados abrieron fuego contra las protestas antibélicas. El fotógrafo John Filo ganó un premio Pulitzer por su fotografía de primera plana que se convirtió en una imagen poderosa en favor del movimiento antiguerra. Algunos historiadores creen que Nixon retiró las tropas de Vietnam debido a su creciente impopularidad. Las muertes en Kent hicieron que más estadounidenses se opusieran a la guerra y las marchas por la paz atrajeron a una multitud cada vez mayor. En 1971, una marcha atrajo a 300 000 personas. La guerra debía terminar.

EL PATIO TRASERO DE ESTADOS UNIDOS

Tanto Estados Unidos como la Unión Soviética se enfrentaron a problemas con sus vecinos. Los europeos orientales estaban resentidos con los gobiernos comunistas impuestos por los soviéticos, mientras que movimientos populares en el Caribe y América Central y del Sur se opusieron a los regímenes respaldados por Estados Unidos. La CIA entrenó y armó secretamente a rebeldes para luchar contra los gobiernos antiestadounidenses en países lejanos como Angola y Afganistán.

Tropas chilenas prueban sus armas en el palacio presidencial durante el golpe de estado militar respaldado por Estados Unidos en septiembre de 1973.

EXPLORA LA FUENTE

Esta fotografía muestra al presidente comunista de Chile, Salvador Allende (con gafas), huyendo de su palacio el 11 de septiembre de 1973. Con el apoyo secreto de la CIA, un golpe militar dirigido por el general Augusto Pinochet había tomado el poder. A Estados Unidos le preocupaba que Allende creara un régimen marxista en Chile después de ser elegido presidente en 1970. Los temores aumentaron cuando el cubano Fidel Castro visitó Chile y Allende supervisó un programa de nacionalización y colectivización. Mientras se producía el golpe, Allende dio un discurso de despedida desde el palacio presidencial y huyó. Murió horas después de que esta fotografía fuera tomada. El suicidio fue la causa más probable.

INTERVENCIÓN DE ESTADOS UNIDOS.

En 1954, la CIA apoyó un golpe de estado en Guatemala para deshacerse del presidente de la izquierda, Jacobo Arbenz Guzmán, quien había sido elegido democráticamente. La participación de Estados Unidos en el Caribe y América Central aumentó en la década de 1980. Después de que los sandinistas de izquierda tomaron el poder en Nicaragua en 1979, la CIA entrenó y apoyó a los Contras de derecha para tratar de derrocar al gobierno sandinista. En 1983, las fuerzas militares estadounidenses invadieron la isla de Granada, bajo control británico, para derrocar a su gobierno de izquierda.

Salvador Allende (con gafas) huye del palacio presidencial. Lo encontraron muerto poco después, pero nadie sabe realmente cómo murió.

ALUNIZAJE

La carrera espacial entre Estados Unidos y la Unión Soviética duró gran parte de la década de 1960 y terminó en victoria para Estados Unidos. El 20 de julio de 1969, el Eagle, el módulo de alunizaje del Apolo 11, aterrizó en la superficie de la Luna. El alunizaje fue un triunfo de Estados Unidos después de que los soviéticos lideraron los primeros años de la carrera espacial. Los astronautas Neil Armstrong y Edwin "Buzz" Aldrin fueron fueron los hombres más famosos del mundo. Este fue el ejemplo más extremo de la competencia entre la Unión Soviética y Estados Unidos durante la Guerra Fría.

El Apolo 11 despega de Cabo Cañaveral, Florida, el 16 de julio de 1969. El viaje a la Luna duró tres días.

Buzz Aldrin junto a la bandera estadounidense, que desapareció cuando el módulo lunar despegó de regreso.

EXPLORA LA FUENTE

"Buzz" Aldrin está junto a la bandera en la Luna el 20 de julio de 1969. El alunizaje fue un gran triunfo de la propaganda para Estados Unidos. Al menos una quinta parte de la población mundial (alrededor de 723 millones de personas) vio en la televisión imágenes en vivo de la Luna. La misión había sido propuesta por el presidente John F. Kennedy en 1961 como una forma de adelantar a los soviéticos en la carrera espacial. En 1969, el Apolo 11 tardó tres días en llegar a su destino, donde Neil Armstrong se convirtió en el primer hombre en pisar la Luna. La bandera de Estados Unidos se mantuvo en su lugar con alambre, porque no hay viento en la Luna que la mantenga extendida.

ASÍ LO VIERON ELLOS

"Estoy al pie de la escalera [...]. La superficie parece ser de grano muy muy fino a medida que te acercas a ella. Es casi como polvo. Está muy bien. Está muy bien. Voy a dejar el LM (módulo lunar) ahora. Este es un pequeño paso para el hombre, pero un salto gigante para la humanidad."

–Neil Armstrong caminó sobre la Luna el 20 de julio de 1969.

NIXON Y CHINA

El presidente Nixon asiste a un torneo de ping-pong en Pekín en febrero de 1972, para destacar la "diplomacia del ping-pong en las relaciones entre Estados Unidos y China.

En febrero de 1972, el presidente Richard M. Nixon realizó una visita oficial a China. Fue el primer presidente de Estados Unidos que visitó la República Popular Comunista de China. Durante gran parte de los 60, las relaciones entre los dos países habían sido deficientes, por lo que la visita supuso una reducción de las hostilidades. Nixon pretendía separar a las dos grandes potencias comunistas, China y la Unión Soviética. Los soviéticos, a su vez, vieron a China como una amenaza para su liderazgo del comunismo global. Para los chinos y Nixon, sin embargo, la visita fue un triunfo de las relaciones públicas.

EXPLORA LA FUENTE

El presidente Richard Nixon y su esposa Pat (centro) con sus anfitriones chinos en la Gran Muralla China en un frío día de febrero de 1972. Su visita fue el resultado de años de planificación por parte del secretario de Estado de Nixon, Henry Kissinger, quien ya había visitado Pekín en secreto. El Gobierno de Estados Unidos quería estrechar lazos con China, que se había peleado con la Unión Soviética. Esperaban que dichos lazos forzaran a la Unión Soviética a mejorar sus relaciones. Las imágenes del viaje que se mostraron en Estados Unidos fueron las primeras imágenes que la mayoría de los estadounidenses habían visto de la vida en la China comunista.

PING-PONG

En abril de 1971, nueve jugadores de tenis de mesa se convirtieron en los primeros estadounidenses invitados oficialmente a China desde la revolución de 1949. También se invitó a periodistas estadounidenses. El proceso comenzó cuando el jugador estadounidense Glenn Cowan se subió por error al autobús del equipo chino en un evento en Japón. Empezó a hablar con el jugador chino Zhuang Zedong, quien organizó la invitación. Esta "diplomacia del ping-pong" ayudó a allanar el camino para la visita de Nixon a China.

El presidente Nixon (centro, izquierda) y la primera dama (de rojo) visitan la Gran Muralla China el 24 de febrero de 1972.

LA DÉTENTE

A principios de la década de 1970, el presidente Richard Nixon y el líder soviético Leonid Brezhnev tomaron medidas para reducir la tensión entre ambas naciones. Este proceso se conoció mediante la palabra francesa "détente", que significa "relajación". Apenas tres meses después de visitar China en 1972, Nixon viajó a Moscú para firmar el Tratado de Limitación de Armas Estratégicas (SALT I), que redujo el número de misiles que ambas potencias podían poseer. Después de que Nixon dejara el cargo en 1975, las relaciones entre las dos potencias continuaron mejorando bajo el nuevo mandato de Gerald Ford.

Henry Kissinger (izquierda) y el president Gerald Ford (a su lado) hablan con Brezhnev (segundo desde la derecha) en un tren en Vladivostok en noviembre de 1974.

El presidente Ford y Brezhnev hablaron de una reducción de armas, pero nunca llegaron a ponerla en práctica.

EXPLORA LA FUENTE

En esta fotografía tomada el 24 de noviembre de 1974, el presidente Gerald Ford (izq.) y Leonid Brezhnev firman un comunicado o declaración conjunta después de una cumbre en Vladivostock, Rusia. Las conversaciones se celebraron como seguimiento del acuerdo SALT I y, de nuevo, los líderes acordaron las limitaciones de los misiles y lanzadores. Fue un punto culminante de distensión. Sin embargo, a su regreso a Estados Unidos, Ford fue ampliamente criticado por hacer concesiones a los soviéticos. En 1976, Ford perdió las elecciones presidenciales frente a Jimmy Carter y el espíritu de distensión comenzó a disolverse. Un largo proceso de negociación culminó finalmente en SALT II en 1979, pero Estados Unidos se negó a ratificar el tratado después de que la Unión Soviética invadiera Afganistán ese mismo año.

AMENAZA NUCLEAR

El objetivo principal de los tratados SALT era limitar la cantidad de misiles balísticos intercontinentales (ICBM) que cada parte poseía. Estos misiles podrían ser disparados desde la Unión Soviética hacia Estados Unidos o viceversa. La mayoría de los misiles que poseía cada parte no eran misiles ICBM. Sin embargo, SALT I fue un punto de inflexión en la Guerra Fría. Demostró que ambas partes estaban dispuestas a reunirse cara a cara y a negociar el fin de la carrera de armamentos.

FINAL DE LA DÉTENTE

En enero de 1977, Jimmy Carter se convirtió en presidente. Quería eliminar las armas nucleares, pero su política exterior no era clara y sus principales asesores tenían objetivos diferentes. El secretario de Estado Cyrus Vance quería continuar las negociaciones SALT, pero el asesor de seguridad nacional, Zbigniew Brzezinski, quería establecer la superioridad de Estados Unidos sobre los soviéticos. Las relaciones con los soviéticos empeoraron y llegaron a un punto bajo cuando los soviéticos invadieron Afganistán en 1979.

Las tropas soviéticas vigilan a prisoneros afganos en 1987. Los soldados afganos, conocidos como mujahideen, *pelearon una década.*

El presidente Jimmy Carter fue culpado de no resolver la crisis de los rehenes en Irán y su popularidad sufrió mucho en Estados Unidos.

EXPLORA LA FUENTE

El presidente Carter se dirigió a la nación en una emisión televisiva el 25 de abril de 1980. Habló sobre el desastroso intento de rescatar rehenes de la embajada de Estados Unidos en Teherán, Irán. Después de una revolución islámica en 1979, cuando el *sha* de Irán, apoyado por Estados Unidos, fue derrocado, las relaciones entre Irán y Estados Unidos se rompieron. Los estudiantes iraníes tomaron la embajada de Estados Unidos el 4 de noviembre de 1979 y retuvieron a 52 ciudadanos estadounidenses durante 444 días. Carter ordenó una misión de rescate de rehenes en abril de 1980, pero algunos helicópteros que transportaban fuerzas especiales se estrellaron y la misión fue abortada. El fracaso ayudó a acelerar el final de la presidencia de Carter.

En su discurso del estado de la Nación el 23 de enero de 1980, Carter advirtió a la Unión Soviética no amenazar los intereses de Estados Unidos en lo que se denominó la Doctrina Carter.

“La región ahora amenazada por las tropas soviéticas en Afganistán es de gran importancia estratégica: contiene más de dos tercios del petróleo exportable del mundo [...]. La Unión Soviética está intentando consolidar una posición estratégica que plantea una grave amenaza a la libre circulación del petróleo de Oriente Medio [...]. Que nuestra posición sea absolutamente clara: cualquier intento de cualquier fuerza externa de obtener el control del golfo Pérsico será considerado como un ataque a los intereses vitales de Estados Unidos Y tal ataque será repelido por todos los medios necesarios, incluyendo la fuerza militar.”

LA SEGUNDA GUERRA FRÍA

Ronald Reagan barrió a Jimmy Carter en las elecciones presidenciales de 1980. Reagan creía que la Unión Soviética aún representaba una amenaza real para la paz mundial. En un discurso de 1983, se refirió a la Unión Soviética como un "imperio maligno". Mientras Reagan ordenaba una acumulación masiva de armas en Estados Unidos, los soviéticos, cuya economía estaba debilitada, no podían competir con la última tecnología armamentística.

El 12 de junio de 1987, Ronald Reagan visitó Berlín y ordenó a los soviéticos: "¡Tumben el Muro!".

EXPLORA LA FUENTE

En 1984, un artista desconocido imaginó una batalla espacial utilizando la última tecnología militar de la *Guerra de las galaxias*, llamada así por la popular película de ciencia ficción, que fue el apodo de la Iniciativa de Defensa Estratégica (SDI, por sus siglas en inglés) del presidente Reagan. Lanzado el 23 de marzo de 1983, el programa tenía por objeto interceptar los ataques con misiles nucleares de la Unión Soviética. La Iniciativa de Defensa Estratégica marcó una fuerte escalada en el armamento y en los costos de la Guerra Fría. Tenía la intención de utilizar láseres espaciales y terrestres para destruir misiles nucleares en el aire. El programa fue abandonado unos años más tarde debido a su costo y a la dificultad de hacer funcionar la nueva tecnología.

FLIGHT KAL 007

El 1 de septiembre de 1983, un jet SU-15 usó misiles balísticos para derribar el vuelo 007 de Korean Airlines al salir del espacio aéreo soviético. Los 269 tripulantes y pasajeros murieron. Los estadounidenses consideraron el incidente como asesinato en masa. Los soviéticos ni siquiera lo reconocieron hasta el 6 de septiembre. El derribo fue probablemente accidental, pero, en un clima de nueva desconfianza, dañó aún más las relaciones entre Estados Unidos y la Unión Soviética.

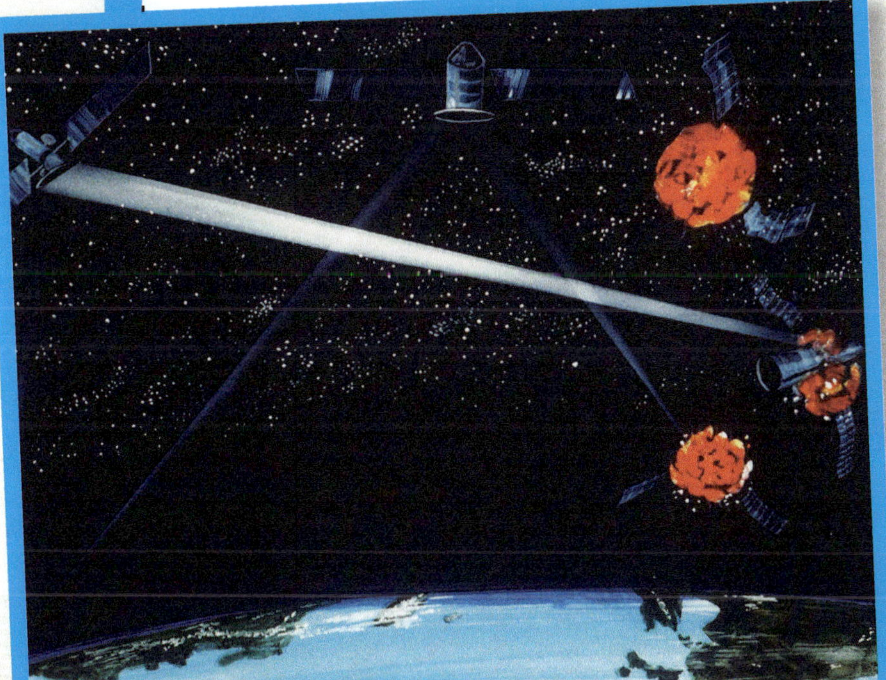

Esta es una recreación de la EEI en acción; la realidad es que la tecnología requerida para tomar la fotografía era demasiado cara y compleja.

PERESTROIKA Y GLASNOST

En marzo de 1985, Mijail Gorbachov se convirtió en secretario general del Partido Comunista Soviético. Su nuevo pensamiento político transformaría a la Unión Soviética y a sus relaciones con Occidente. Gorbachov vio que la Unión Soviética se dirigía hacia el desastre económico, así que planificó reformas radicales. Introdujo la perestroika, una reestructuración de la economía, y la *glasnost*, una mayor apertura en la política. Para ahorrar, recortó los gastos militares, por lo que tuvo que tratar con Estados Unidos.

El presidente Ronald Reagan (izquierda) recorre la Plaza Roja de Moscú con Mijail Gorbachov (derecha) el 31 de mayo de 1988.

El presidente Reagan (centro) sirve de guía a Gorbachov (izquierda) durante una visita a Governor's Island, Nueva York, el 7 de diciembre de 1988.

EXPLORA LA FUENTE

Esta fotografía, tomada el 7 de diciembre de 1988, muestra a Mijail Gorbachov (izquierda) frente a la Estatua de la Libertad con el presidente Reagan (centro) y el vicepresidente George H. W. Bush (derecha). Después de que Gorbachov se convirtiera en líder soviético en 1985, él y Reagan se vieron en Islandia en octubre de 1986 y acordaron visitar los países del otro. Anteriormente, en su visita a Nueva York, Gorbachov se había dirigido a las Naciones Unidas. Su anuncio de que reduciría y retiraría las tropas soviéticas de Alemania Oriental, Hungría y Checoslovaquia fue una clara señal de que la Guerra Fría estaba llegando a su fin.

ASÍ LO VIERON ELLOS

"No desconocíamos lo que podría pasar. Entendimos que lo que estaba en marcha era un proceso de cambio en la civilización. Sabíamos que, cuando perseguimos el principio de la libertad de elección y la no injerencia en Europa Oriental, también privamos a Occidente de interferir, de inyectarse en los procesos que allí tienen lugar."

—Mijail Gorbachov escribe en sus memorias publicadas en 1995, las reformas que llevó a cabo en Europa.

FINAL DE LA GUERRA FRÍA

Berlineses emocionados suben al Muro de Berlín y empiezan a derribarlo el 9 de noviembre de 1989.

A medida que las relaciones entre Estados Unidos y la Unión Soviética mejoraban, se hizo evidente que las reformas de Gorbachov estaban teniendo grandes consecuencias. Los países de Europa del Este, como Polonia y Hungría, comenzaron a rebelarse contra sus gobiernos controlados por la Unión Soviética. En 1989 el movimiento era imparable; la Unión Soviética se estaba desintegrando. En noviembre de 1989, los guardias de Alemania Oriental observaron cómo los berlineses derribaban el Muro de Berlín, el mayor símbolo de la Guerra Fría. La Guerra Fría había terminado.

El periódico neoyorquino Daily News *informa sobre la caída del Muro de Berlín el 10 de noviembre de 1989.*

MANHATTAN • • • • SPORTS FINAL

DAILY NEWS

NEW YORK'S PICTURE NEWSPAPER®

Friday, November 10, 1989

FREEDOM!

Twilight of The Wall: Berliners stand and sing and dance in triumph atop The Wall after it opened yesterday.

Berlin Wall comes tumblin' down

COMPLETE COVERAGE BEGINS ON PAGE 2

ASÍ LO VIERON ELLOS

"A pesar de todos sus riesgos e incertidumbres, la Guerra Fría se caracterizó por un conjunto notablemente estable y predecible de relaciones entre las grandes potencias.
Una breve mirada a los libros de historia nos dirá que no podemos decir lo mismo del periodo que transcurrió desde el nacimiento de los Estados-nación europeos hasta el estallido de la Segunda Guerra Mundial."

—Lawrence Eagleburger, vicesecretario de Estado, 16 de septiembre de 1989

EXPLORA LA FUENTE

El *Daily News* de Nueva York resume el sentimiento de triunfo que se apoderó del mundo con la caída del Muro de Berlín el 9 de noviembre de 1989. Desde su creación en 1961, el muro se convirtió en un poderoso símbolo de la Guerra Fría. Cuando los alemanes del Este y del Oeste se abrazaron sobre el muro, quedó claro que la Guerra Fría había terminado. El proceso comenzó con las reformas de Gorbachov en la Unión Soviética. El 23 de agosto de 1989, Hungría abrió sus fronteras con Austria. En solo tres días, más de 13 000 alemanes orientales escaparon a Occidente a través de Hungría y Austria. El 18 de octubre de 1989, el jefe de Estado de Alemania Oriental, Erich Honecker, dimitió. Se levantó la prohibición de que los alemanes orientales viajaran a Occidente. El 9 de noviembre de 1989, miles de berlineses del este se reunieron en el Muro de Berlín. A las 10:30 p. m., los guardias los dejaron pasar a través de la pared y trparon por encima de ella. Berlín se unió de nuevo.

LÍNEA DEL TIEMPO

1945	***4-11 de febrero:*** *Roosevelt, Churchill y Joseph Stalin aceptan que la Unión Soviética debía liderar en Alemania tras su derrota, por lo que las tropas soviéticas permanecieron en gran parte de Europa del Este.*
1946	***5 de marzo:*** *El antiguo primer ministro británico Winston Churchill afirma que un "telón de acero" ha caído sobre Europa.*
1947	***12 de marzo:*** *El presidente Truman anuncia la Doctrina Truman, que decretaba el apoyo a los países que lucharan contra el comunismo.* ***Junio:*** *El Plan Marshall se establece para ayudar a la recuperación de las economías europeas; la Unión Soviética y sus aliados no se unen.*
1948	***25 de febrero:*** *Un grupo comunista sube al poder en Checoslovaquia.* ***24 de junio:*** *Los soviéticos comienzan un bloqueo de 11 meses a Berlín en respuesta al transporte aéreo de suministros de los Aliados.*
1949	***4 de abril:*** *La Organización del Tratado del Atlántico Norte (OTAN) se forma como alianza antisoviética de las naciones occidentales.* ***29 de agosto :*** *Rusia prueba la primera bomba atómica.* ***1 de octubre:*** *El comunista Mao Zedong toma control en China y establece la República Popular de China.*
1950	***Febrero:*** *El senador Joseph McCarthy comienza una "caza de brujas", en busca de posibles comunistas estadounidenses en la esfera pública.* ***24 de junio:*** *Con el apoyo de la Unión Soviética, Corea del Norte invade Corea del Sur, lo cual da comienzo a la guerra de Corea.*
1953	***Julio:*** *La guerra de Corea termina en un punto muerto o sin un claro vencedor.*
1954	***Marzo:*** *La KGB se crea en la Unión Soviética.* *La CIA ayuda a destituir regímenes hostiles en Irán y Guatemala.*
1955	***Mayo :*** *La Unión Soviética y sus aliados forman el Pacto de Varsovia en respuesta a la OTAN.*
1956	***29 de junio:*** *Los tanques soviéticos suprimen las manifestaciones populares en Polonia.* ***Octubre-Noviembre:*** *Los tanques soviéticos frenan una revolución en Hungría.*
1957	***4 de octubre:*** *La Unión Soviética lanza su primer satélite al espacio, el Sputnik 1.*
1959	***Enero:*** *Fidel Castro toma el poder después de la Revolución cubana.*
1960	***Mayo:*** *La Unión Soviética revela que derribó un avión espía estadounidense.* ***Noviembre:*** *John F. Kennedy es electo presidente de Estados Unidos*
1961	***Abril:*** *Una invasión en Cuba respaldada por Estados Unidos no logra derrocar a Castro.* ***13 de agosto:*** *Los guardias de Alemania del Este cierran la frontera de Berlín.*

1962	***Octubre:*** *Ocurre la Crisis de los Misiles en Cuba.*
1963	***Noviembre:*** *Kennedy es asesinado en Dallas, Texas.*
1965	***Julio:*** *El presidente Johnson anuncia que enviará 200 000 soldados estadounidenses a Vietnam.*
1968	***Agosto:*** *Las tropas soviéticas detienen una revuelta en Checoslovaquia.* ***5 de noviembre:*** *Richard M. Nixon es elegido presidente de Estados Unidos.*
1969	***20 de julio:*** *El Eagle aluniza en la Luna.*
1972	***Febrero:*** *El presidente Richard Nixon visita China.* ***Julio:*** *Se firma el Tratado Estratégico de Limitación de Armas (SALT I).*
1973	***Enero:*** *Un cese al fuego se impone entre Vietnam del Norte y las tropas estadounidenses.* ***Septiembre:*** *Un golpe de estado respaldado por Estados Unidos derroca al Gobierno de Chile.*
1975	***17 de abril:*** *Vietnam del Sur es derrotada por las fuerzas comunistas del norte.*
1979	***Enero:*** *Estados Unidos establece relaciones políticas con China.* ***Julio:*** *Se firma el acuerdo SALT II.* ***Noviembre:*** *Después del golpe de estado al sha de Irán, aliado de Estados Unidos, los radicales toman como rehenes a los trabajadores de la embajada estadounidense en Teherán.* ***Diciembre:*** *Las fuerzas soviéticas invaden Afganistán.*
1980	***Agosto:*** *El sindicato Solidaridad protesta contra la política comunista en Polonia.*
1983	***Octubre:*** *Las tropas estadounidenses derrocan el Gobierno de Granada.*
1985	*El nuevo líder soviético, Mijail Gorbachov comienza la campaña de glasnost ("apertura") y perestroika ("reestructuración").*
1986	***Octubre:*** *El presidente Ronald Reagan y Gorbachov aceptan retirar los misiles nucleares intermedios de Europa.*
1989	***Enero:*** *Las tropas soviéticas se retiran de Afganistán.* ***Junio:*** *Polonia se independiza.* ***Septiembre:*** *Hungría se independiza.* ***9 de noviembre:*** *Se derriba el Muro de Berlín y, pronto, la Alemania Oriental permite migración sin restricciones a Alemania Occidental.* ***Diciembre:*** *Caen los gobiernos comunistas en Checoslovaquia, Bulgaria y Rumanía.*

GLOSARIO

aliados: nombre que se dio a Estados Unidos, Reino Unido, Francia y la Unión Soviética y a los países que pelearon en su bando en la Segunda Guerra Mundial.
asesinatos: homicidios motivados políticamente.
atómico: que tiene que ver con un átomo u otra partícula química pequeña.
aumento: un crecimiento rápido de una situación.

bloqueo: acto de sitiar un lugar para prevenir el comercio.
boicot: dejar de comprar bienes y servicios de un proveedor particular como forma de protesta.
búnker: refugio subterráneo reforzado.

comunismo: sistema político basado en la ausencia de posesiones.
cumbre: reunión de las cabezas de gobierno.

democracia: sistema político basado en gobiernos electos por votación y en la propiedad privada.
dictador: soberano con poder absoluto en un país.
disuasorio: amenaza que previene que un enemigo actúe.
doctrina: declaración de principios de una política gubernamental.

espionaje: práctica de espiar o utilizar espías para conseguir información.
estados marioneta: gobiernos que actúan de acuerdo con los deseos de otro país.

guerrillas: soldados irregulares que pelean en grupos pequeños contra fuerzas mayores.
golpe: derrocamiento ilegal y repentino de un Gobierno.

ideología: sistema de ideas y creencias que forman la base política y económica de un país.

lluvia radiactiva: partículas radiactivas que permanecen en la atmósfera después de una explosión nuclear.

misil nuclear: misil que es atraído a la tierra por la gravedad.

nacionalización: proceso de poner los negocios privados bajo el control del estado.

ojiva: parte explosiva de un misil.

perestroika: programa de reforma económica en la Unión Soviética.
propaganda: información utilizada para apoyar o criticar un punto de vista.
punto muerto: final en el que ningún bando gana.

ratificar: aprobar formalmente un tratado.

régimen: gobierno autoritario.

rehén: alguien retenido contra su voluntad para conseguir un objetivo.

superpotencias: países que tienen influencia global.

PARA MÁS INFORMACIÓN

Libros

Beyer, Mark. *Nuclear Weapons and the Cold War*. The Library of Weapons of Mass Destruction. New York: Rosen Publishing Group, 2005.

Bodden, Valerie. *The Cold War, Days of Change*. Makato, MN: Creative Education, 2008.

Hillstrom, Kevin. *The Cold War.* Primary Sourcebook. Detroit, MI: Omnigraphics, Inc, 2006.

McNeese, Tim. *The Cold War and Postwar America 1946-1963.*

Discovering U.S. History. New York: Chelsea House Publishers, 2010.

O'Shei, Tim. *Cold War Spies*. Edge Books. Mankato, MN: Capstone Press, 2008.

Roxburgh, Ellis. *John F. Kennedy vs Nikita Khrushchev: Cold War Adversaries*. History's Greatest Rivals. New York: Gareth Stevens Publishing, 2015.

Zuchora-Walske, Christine. *The Berlin Wall.* Essential Events. Mineapolis, MN: Abdo Publishing Company, 2014.

Sitios de Internet

www.history.com/topics/cold-war
Índice de History.com sobre la Guerra Fría por temas que incluye muchos vídeos.

www.historywiz.com/primarysources/coldwarprimary.html
Extractos de documentos clave de la Guerra Fría.

www.jfklibrary.org/JFK/JFK-in-History/The-Cold-War.aspx
Un artículo de la Guerra Fría de la biblioteca presidencial de John F. Kennedy.

spartacus-educational.com/ColdWar.htm
Enlaces a muchos artículos y biografías sobre la Guerra Fría.

Nota del editor a educadores y padres: nuestros editores han revisado cuidadosamente estos sitios de Internet para asegurarse de que sean adecuados para los alumnos. Sin embargo, muchos sitios de Internet cambian frecuentemente y no podemos garantizar que los contenidos futuros de un sitio continuarán cumpliendo nuestros elevados estándares de calidad y valor educativo. Se recomienda que los alumnos estén supervisados de cerca siempre que accedan a Internet.

ÍNDICE